AF490509

Luz Marina Almarza

Alumbré tus ojos

Editorial **Giraluna**

© Editorial Giraluna R.L, 2021
Derechos Reservados

Edición al cuidado de:
Rey D' Linares
reydlinares69@hotmail.com

Diseño de portada:
Carolina Linares
artesgraficas20042009@gmail.com

Publicado en Venezuela por:
Editorial Giraluna R.L.
J-29614384-6
editorialgiraluna2008@gmail.com
Teléfono: (+58) 0212-524.25.33

Depósito Legal: DC2021000241
ISBN: 978-980-438-011-2

Para Luz Marina Almarza, corazón de torcaza

Cuarenta y tres poemas forman Alumbré tus ojos, la obra más reciente de esta poeta nacida en el Yaracuy y asentada en Barinas (Venezuela). Una obra donde plasma su amor a la Naturaleza y donde su poesía vanguardista canta a los pájaros y a las flores y también al amor que se espera y que no se sabe si puede llegar, aquello que solo es un deseo, pero puede también ser una realidad.

Su lírica poética es natural, emocional y pasional, así como también llena de una gran sensibilidad: pájaros en todas sus formas pueblan su universo poético: amarillos y dorados, un azulejo grande, tordos, alondras, corocoras y colibríes, los acompañan mariposas amarillas y *los pájaros tristes, aquellos que cantan más lento, más bajito, solitos, cuando nadie los mira.*

Su Yaracuy natal que como dijo el poeta Rodríguez Cárdenas es *"Tierra hermosa que el cielo bendijo y natura le dio su esplendor"* y el llano barinés inmenso cielo al revés, ese que la acogió generoso, tierra del poeta Arvelo Torrealba el que dijo en una de sus Cantas:

En esteros de tu pueblo son dulces las cañabravas y anochecen las chusmitas pescando guabinas de alba

Dos poetas que cantan a la naturaleza, dos lugares que de alguna manera marcan la trayectoria de Luz Marina Almarza y forman su universo particular donde sus poemas son cantos a todo lo que la rodea: la luna y el agua en la laguna, nubes y relámpagos, sol, noche y vendaval, crepúsculo y estrellas sirven de marco para que un ciervo sediento pase junto a las negras hormigas de tu pelo y la oruga le brinde cobijo cuando vaya a cortar aquel manojo de flores moradas oscuras y rojas y roce las hojas húmedas cerca de la rama seca, donde descansa un pequeño nido de pájaro.

Las trinitarias naranjas, forman un coro al lado de las calas blancas que recibirá y a cambio lucirá su vestido blanco de organdí, junto al nardo blanco y mi presencia que te alumbra como girasoles, junto a las rosas rojas que sacuden a la planta trepadora.

Sus poemas son un canto a la vida, a la naturaleza que invocan el cielo y la tierra, la alegría y la tristeza, la ternura y la pasión y un canto a la poeta que es cuando pregunta:

¿Te gustaría vivir con una poeta?
Que sea capaz ella sola,
de pintar el mar, el cielo,
el río de otro color,
con las palabras,
con la voz misma

Esta es ella, esta es su voz, este es su sentir reflejado en esta hermosa obra poética.

Mercedes E. Blanco.
Elche, invierno 2021

A mi amigo de años, Ricardo Blanco,
aunque no lo vea, sino sólo en breves instantes,
con afecto y dulzura; siempre gentil,
y amante del bolero, quien me inspiró estos poemas
junto a las viejas canciones del programa radial

Esta tarde

Te envío desde aquí
a esta hora de la tarde
un pájaro amarillo
que te endulce tus tardes
y tus nostalgias
que se empozan con los días.

Si te llega un pájaro dorado
a tu patio alguna tarde
recíbelo como a mí misma;
en las alas y en el trino
lleva algo de luz,
algo de mí
que te endulza el instante.

Promesa

Prometo en alianza
no olvidarte
ni este corazón de pájaro
que se agita
como las hojas amarillosas,
que palpita más de lo usual.
Menos aún, en las noches
oscuras y largas;
donde se enciende un cirio
y se reza,
o se enciende un espiral de incienso
que nos ahuyente los males,
o una pequeña rama en el patio
que aún humea,
nos caliente los huesos y la pena,
que viene detrás como un perro.

Plenilunio

En plenilunio,
prometo en alianza
esperar a que aparezcas
y regalarte una sonrisa grande,
a cambio de traerme tú
un ramo de calas blancas;
y ponerme mi vestido blanco
de organdí,
y caminar descalza
por la entrada de la casa.

Buscar sueños

Se fue a buscar sueños
y se quedó dormida con los ojos abiertos;
soñaba con el hombre que criaba pájaros.

Rasgueo

Me rasgas
mi frágil corazón
con arritmias,
cuando te acercas,
me rozas con tu voz,
cuando pronuncias mi breve y dulce nombre,
como la rama inquieta,
como una delgada vela
consumiéndose
con el soplo de tu aliento

Fiesta en mi nostalgia

Hoy está de fiesta mi nostalgia
que se desborda
como la espuma en la copa
de champaña.

No parece el triste domingo
donde apenas llega con el canto
a la reja a acompañarme.
Hasta la lluvia cayó recia,
generosa,
le ha dado por caer
a cántaros,
a medio día.

Corazón de nadie

Si te duele el corazón
algo viejo ya,
por mi poema que te envío,
de improvisto,
perdóname, una vez más
mi atrevimiento.

La culpa la tiene
este corazón de nadie,
y de todos,
que se desmigaja
cuando te escribo,
y el azulejo cuando entra
y me sorprende de gozo

Resquebrajada

Los pájaros
no sueltan lágrimas
como los poetas
cuando se les resquebraja
el corazón por dentro,
como una fruta madura
al caerse;
pero sí se entristecen;
lo noto cuando cantan distinto;
más lento,
más bajito,
solitos,
 cuando nadie los mira.

Mirar por la ventana

Si te pidiese
mirar juntos por la ventana
la luna creciente,
esta noche húmeda y fría,
y su halo nos alumbre la cara;
y poder contarnos
el uno al otro
lo que soñábamos desde hace tiempo,
hace varias décadas,
cuando se podía soñar
lo que queríamos

Voz de alondra

Con mi voz de alondra,
que te gusta;
cada vez que me oyes,
quiero robarte,
no un beso,
si no quedarme
en una pequeña extensión
de tu espacio,
hasta donde alcancen mis manos,
que todo lo tocan

Nostalgia a gotas

La nostalgia derramada
del atardecer,
se refleja
como espigas maduras,
en la dulzura de sus ojos
como gotas pequeñas,
que inesperadas,
caen como harina delicadísima
en la tarde de sol.

Noche mía

Por decirte noche,
digo tú.
En vez de decir tu nombre,
porque se me enreda la lengua
como hilos del telar.
te digo:
morenito,
café,
chocolate
en vez de tu nombre de pila.

Café y chocolate

¿Te gustó que peinase
tu pelo enredado con mis dedos
antes de dormirte
más temprano?

¿Pudiste soñar algo conmigo
mientras te abrazaba,
a tu lado?

¿A cuál flor huele
mi piel blanca?
La tuya oscura, me huele
a café y chocolate

Tu presencia

Una cerilla,
una estrella fugaz,
un suspiro hondo,
un siseo, mi nombre,
mi sonrisa,
mi sueño nocturno,
y tu presencia

Te deslumbré

Mi presencia de luz
te alumbra,
te ilumina,
como hilera de girasoles
a lo lejos.

Te deslumbra como el sol
en el cenit del horizonte;
te enceguece,
te ofusca.

Centinela de luces

El desvelo
se me hace largo,
sin ti,
que no te veo,
no me encuentras,
no me sigues,
centinela de luces,
de estrellas.

Luz de tus ojos

Luz de tus ojos
en el alba cuando despiertas;
luz de tus ojos,
frente a frente
me miras;
enternecidos,
frente al ocaso
lleno de melancolías,
cuando te alejas.
Luz de tus ojos
cuando cierras alumbrados
los tuyos,
ya cansados del sol,
del peso del día,
de los años.

Fuera de sí

¿Te gustaría vivir con una poeta?
Donde vea el sol más encendido,
la rosa roja más grande y fragante,
el azul del cielo más puro
y se quede mirando largo rato
las nubes, buscándoles alguna forma
Que sea capaz ella sola,
de pintar el mar, el cielo,
el río de otro color,
con las palabras,
con la voz misma,
y no como el resto,
por casualidad,
un día, lo ve,
y parece que vive
fuera de sí,
en otro mundo.

Di que me fui

Di que me fui
cuando no sientas
en la casa,
el olor a café penetrante,
y chocolate,
y pan dulce,
en el desayuno del domingo;
cuando no percibas el aroma
del nardo blanco en el jarrón,
y el aroma fresco, como el agua clara,
de mi piel ajada ya entre las sábanas.

¿Eres tú?

¿Eres tú?
¿o es la lluvia suave
en la mañana suave
que me susurra al oído,
me tararea,
junto con el trino
una canción de amor
y sonrojarme
y agitar mi corazón?

Alumbré tus ojos

Cuando necesites
de mi pequeña luz
que alumbre tus ojos,
mi escasa voz
que te levante,
mi breve poema,
que haga latir tu corazón
y el mío,
al mismo tiempo;
me haré presente
con el solo timbre
del teléfono.

Poema extravagante

Te escribiré un poema
que te despierte,
te sacuda,
te estremezca
como el frío.

Un poema extravagante
que te saque de sí,
de quicio;
donde me pidas tregua,
como las nubes al relámpago

Cosquilleo

Cosquillear tu oído
y tu barbilla con mis poemas;
casi como palabra dada,
como fe de vida,
mientras llega el momento;
cuando cumplas tu promesa,
de encontrarnos,
en vez de abrazarnos,
en este enclaustramiento.

Poeta femenina

Al escribirte sin frenarme,
me entregas,
sin esperarlo,
el título de poeta femenina,
con aplausos
honores, cum laude,
con flores, perfume
y champán.

Noviembre sin ti

Noviembre sin ti
es sentir que el poco aire
se me agota,
la vida se me va,
sin aliento, sin resistencia;
como las nubes,
como el tiempo perdido,
el vuelo del colibrí,
buscando esa flor abierta
que le apague la sed.

Noviembre contigo

> A Nabil Naime, desde aquí

Noviembre contigo
es contar los días que faltan
para que culmine octubre
en sublevación por tu desapego.

Reconciliarme
y salir juntos a ver
si sale la luna en el malecón
después que haya pasado
el vendaval,
e invitarte a quedarte
a mirar una película histórica
sin que te duermas
a la mitad.

Derechos

Tengo derecho a la vida.
A sonreírme y reírme
con ganas,
a abrazar y cantar a solas,
derecho a estar feliz
y a creer en mí;
en la palabra dada
y en la palabra del amigo
que acompaña en el traspié
y consuela;
a decir una y otra vez,
"te quiero tantito",
a decir también,
perdón, discúlpame, lo siento.
Tengo derecho a creer
en las corazonadas,
a esperar todo lo bueno,
y lo no tan bueno con coraje.

Un beso dulce

Róbame un beso
de turrón de maní,
en las tardes
a la hora del té;
con mariposas amarillas,
y un ramo de trinitarias naranjas
y el canto del tordo,
junto al crepúsculo
que nos despiden.

Noches frías

Mientras no estés,
en mis noches frías,
sin luna, ni estrellas,
te llegarán
como un vuelo,
mis suspiros de bruma.

Si llegas,
y te espero,
tu voz y tu aliento
se robarán,
como el gato al queso,
mis suspiros de rosa y almíbar
de azúcar.

Amor malsano

Me miras, me sigues,
te acercas, me vigilas, me cercas.
me rodeas,
como una planta trepadora,
a la ventana;
me robas, me atrapas,
me asfixias,
como el humo de las brasas;
me clavas, me sujetas,
me inmovilizas,
me quitas el poco aire,
mal amor,
nocivo.

No claudica

No le queda dudas,
a mi corazón de rosas y espinas,
que sufre de mal de amores.
Desde que te vi,
pero, aun así,
no se rinde,
no claudica,
prisionero;
a abandonarte,
ni mucho menos,
tirarte al cesto de la basura,
ni a pelear,
por un poema que te escribo.

Dormiré en tu pecho

Me dormiré en tu pecho
de ramas secas
y hojas húmedas,
nido de pájaros,
ya cansada,
de cantarte.

Como alondra
con frío,
con nostalgias.
Arrullando tristezas,
y el corazón magullado;
esperando me recibas.

Corazón de torcaza

Mi pequeño corazón
de torcaza,
lo enterneces,
cuando me dices: "Buenas noches",
como un enamorado sempiterno,
con tu voz de plata,
como unas campanillas.

Azulejo grande

Regálame sin regateos,
un azulejo
que pueda quedarse,
ir y venir a mi jardín,
como las mariposas.
Donde pueda a solas.
escuchar el trino;
cuando sienta nostalgia de ti;
y mariposas en los ojos,
en mi estómago,
y de un beso en la frente,
y deseos de que me arropes;
cuando sienta frío,
y miedo, como niños.
Un azulejo grande,
que cante largo
cuando estés lejos, como el horizonte.

Vino mojado

Hoy día de lluvia larga,
vino tu azulejo,
cómo te lo pedí anoche
-que me dieses de regalo-.
Vino mojado,
revoloteando.

El manojo de flores
moradas oscuras y rojas
que crecieron en mi jardín,
las corté,
para ofrecértelas,
como dádiva por entregarme
tan complacido y prontito
ese azulejo.

Anda en busca

Sal de ti mismo,
y anda en busca
del pájaro que me cante,
sin falta y puntual;
un pequeño pájaro
que me devuelva
sin pagarle,
la pureza,
la ilusión,
y el regocijo por vivir,
como la oruga;
que me proteja
contra la sombra,
y la muerte en vida.

Tormento

No me digas adiós,
porque me hieres;
dime que me quieres,
dime que no te irás,
como el pájaro
luego que me canta,
dime que no me dejarás,
como el ave que deja
al fin el nido,
y anhela volar,
en el horizonte inmenso;
dime que me esperas,
que ya llegas,
en último momento,
dulce tormento mío,
que no muere.

Ciervo sediento

Dime que regresarás
como las corocoras
al final de la tarde,
a tomar agua en la laguna,
sin que te implore,
como el ciervo sediento
que brama en la llanura;
que se quema ardiendo
como brasas
apagándose.

Suspiras

Dime que suspiras
como una gata echada;
que aún me quieres,
como para no olvidarme,
como al inicio de encontrarnos,
yo de veinte, y sin estrenarme
en amores,
y tú de cuarenta;
con varios amores corridos,
encima.

Encontrarme

Dime, sin titubeos,
que no me olvidarás,
como el que pierde el rumbo
por la vida,
si no que seguro de encontrarme
otra vez,
tomamos el último tren,
que nos lleve a la última parada
de este viaje,
ya sin prisas.

Torre inaccesible

A cambio de una noche
con luna llena,
dame dadivoso, una noche,
de sueños despiertos,
sin máscaras como el arlequín
bien vestido y maquillado,
sin historias fabuladas,
como las de vampiros,
ni en las interminables telenovelas rosas,
que nos hacen sufrir como tontas,
a ver si me convences,
y te decides,
que me quede contigo,
en tu torre inaccesible.

Dos viejos solos

No me despojes
como un hambriento,
no me niegues el ensueño
de poder quedarme junto a ti;
una noche sin agenda,
donde no vayamos a acostarnos
tan temprano,
como dos viejos solos
é insomnes,
donde nos dé tiempo
de tomarnos sin apuros,
una taza grande de chocolate caliente.

Colinas de arena

A cambio de un pájaro mío
que te cante,
dame un día largo,
lleno de nubes y un cielo
sin amenazas de tormentas;
sin ansiedad,
sin mirar el reloj,
pasar una noche contigo,
donde pueda acariciar tu rostro,
ya no tan lozano.
Con mis dedos como plumas;
gotas de lluvia
en tu pelo,
negro oscuro y cerrado,
como hormigas;
dedos y manos suaves,
que suben y bajan
como colinas de arena
en tu espalda.

Este libro se publicó
en el mes de marzo de 2021
por la Editorial Giraluna
Venezuela

www.ingramcontent.com/pod-product-compliance
Lightning Source LLC
Chambersburg PA
CBHW060943130726

48001CB00003B/1037